LYON
ET SA REGION

Séquences:

PIERRE ALAIN

MINERVA/SOLAR

En couverture : 1) Au cœur de Lyon : la cathé-
drale St-Jean, la place Bellecour, les ponts sur
la Saône et le Rhône. 2) Un manoir au milieu
des vignes du Beaujolais (Quincie).
En pages de garde : vue aérienne de Lyon, entre
Saône et Rhône.
En page de titre : la colline et la basilique Notre-
Dame-de-Fourvière.

Achevé d'imprimer le 5 Juin 1987
par Sagdos S.p.A., Brugherio-Milan
pour le compte des Editions Minerva S.A.

N° d'éditeur: 12574

ISBN: 2-7242-3439-1

Printed in Italy

LYON ET SA REGION

A qui regarde la carte de France, la position de Lyon apparaît très significative par rapport à celle de Paris. Seconde ville de France, par le nombre de ses habitants, (plus d'un million dans l'agglomération) Lyon se situe au cœur de la partie sud-est du pays, comme Paris, dans la partie nord-ouest. Deux capitales que le T.G.V. (train à grande vitesse) met aujourd'hui à deux heures l'une de l'autre. Au carrefour des échanges entre le nord de l'Europe et les pays méditérranéens – dont Marseille forme le port – Lyon est aussi un lieu de rencontres et d'affaires, que confirme chaque année davantage, sa célèbre Foire Internationale.

Cette position particulière devait amener la ville, au cours d'une longue histoire, à devenir le siège, puis le centre d'une activité commerciale et industrielle, qui en fit en quelques siècles, la métropole qu'elle est aujourd'hui.

Ville de richesses et de travail, où la disparité des classes sociales provoqua des conflits parfois dramatiques, Lyon doit à cette histoire, un caractère particulier, sensible, en premier lieu, dans ses aspects, dans la diversité de ses quartiers. Les riches demeures Renaissance de la "presqu'île" et les "traboules" de la Croix-Rousse, restent les témoignages de cette opposition, au-delà de laquelle se profilent aujourd'hui les silhouettes futuristes de la Part-Dieu.

De ces témoignages, on ne décèle pas davantage les secrets, que l'on ne pénètre aisément le caractère des Lyonnais. On les dit soucieux de leurs prérogatives, peu enclins à se livrer. D'où, sans doute, par voie de conséquence, la faveur dont jouissent les associations – on en compte, paraît-il, plus de 10.000 ! – dont les membres se retrouvent, entre eux, autour d'une idée ou d'un choix que dictent la fantaisie, l'humour, le goût – et spécialement celui de la "bonne chère". Faut-il "citer l'Académie du Merle blanc", "l'Ordre du Clou","Les boyaux rouges", la "Commanderie des Grattons" ? Combien d'autres, dont les assises se tiennent dans ces "bouchons" – petits restaurants traditionnels où l'on déguste la charcu-

Ci-dessus : vue panoramique de la cité. A gauche : un paysage du Beaujolais (près de Chiroubles).

3

terie lyonnaise, accompagnée d'un cru de Beaujolais ?

Si l'industrie a envahi, après la périphérie, quelques-unes des vallées voisines – du Rhône au Gier – la région lyonnaise garde encore cependant des aspects naturels qui frappent en premier lieu par leur diversité.

Au nord, la large plaine de la Saône est bordée à l'est, par les étendues aquatiques de la Dombes, chères au gibier d'eau – à l'ouest, par la chaîne des monts du Beaujolais. Plus au sud, les monts du Lyonnais offrent vallées et cols propices aux randonnées pédestres. A qui rêve des hautes cimes, la proximité des Cévennes, d'une part, et de l'autre, celle des grandes Alpes, mettent l'escalade à portée de week-end !

Mais c'est d'abord la ville de Lyon, elle-même, qui s'impose au voyageur par cette diversité déjà notée, et la richesse d'un passé que les siècles n'ont pas effacé. Et aussi par cette tradition de la gastronomie qui demeure l'un des pôles du tourisme lyonnais.

DE LA CAPITALE DES GAULES
A LA METROPOLE MODERNE

La légende est à la base de l'histoire. Des récits ont été rapportés par les érudits antiques, qui attribuent à la cité et à son nom, des origines contradictoires. Elles se rejoignent cependant en révélant la création de divers habitats qui allaient donner naissance à un bourg. Le promoteur en aurait été un prince gaulois nommé Lugdus. Quand vint l'époque romaine – un demi-siècle avant J.-C. – Lucius Plancus fut chargé par le Sénat d'établir une colonie qui fut appelée Lugdunum, – nom qui pourrait signifier la "colline du corbeau" ou la "longue dune", selon diverses interprétations, – ou plus probablement Lucci Dunum, "la colline de Lucius".

Lieu de passage des fonctionnaires, des capitaines et de leurs armées, la ville se développa rapidement. Aggrippa en fit la capitale de la province des Gaules. Des voies furent tracées en direction du Rhin, de l'Aquitaine, de l'Italie. Caligula y fonda une académie et des jeux. Claude y naquit, ainsi que son frère Germanicus. L'Amphithéâtre-des-Trois-Gaules – qui subsiste aujourd'hui – accueillait les assemblées des trois cités : Lugdunum sur la colline de Fourvière, Condate, à l'emplacement de la Croix-Rousse et l'île de Canabae, entre Saône et Rhône.

Vers la fin du IIᵉ siècle, des missionnaires vinrent prêcher le christianisme. Saint Pothain et sainte Blandine seront les premiers martyrs de Lugdunum. Septime Sévère livra la ville aux flammes et fit massacrer 18 000 chrétiens. Après l'invasion des Barbares, la ville devint capitale du royaume bourguignon (478) puis passa au pouvoir des évêques, et enfin à celui des consuls, administrant la cité avec le concours d'un conseil communal.

Les guerres de religion n'épargnent pas Lyon, non plus que la Terreur révolutionnaire. Pourtant, dès le XVIᵉ siècle, la fabrication des étoffes de soie avait fait la prospérité des marchands. En 1806, l'invention du métier à tisser Jacquard donne un nouvel élan à cette industrie artisanale assurée par les "canuts", les ouvriers-maîtres travaillant à domicile pour le compte des "soyeux". Des crises passagères, l'exploitation de la main-d'œuvre par les fabricants, suscitent en 1831 et 1834, une insurrection que le duc d'Orléans réprime par la force armée, faisant plus de 1 000 victimes.

Au cours du XIXᵉ siècle, Lyon n'a cessé de développer des industries diverses, du textile à la métallurgie. Les faubourgs s'étendent de part et d'autre du confluent. Sciences et arts y naissent. Après le *Gargantua* de Rabelais, alors médecin à l'Hôtel-Dieu, et le *Guignol* de Mourguet, Jouffroy expérimente sur la Saône, la navigation à vapeur. Ampère découvre les lois de l'électro-dynamique et les frères Lumière inventent le cinématographe. La métropole du travail est aussi un foyer de l'intelligence.

A gauche, deux aspects caractéristiques de Lyon : ses quais et ses toits. Sur cette page, quelques-uns des souvenirs romains : une arche du jardin archéologique et le théâtre antique.

LYON · LA "PRESQU'ILE"
DE PERRACHE À BELLECOUR

A l'exemple de toute métropole euro-
péenne, Lyon a trois visages : celui du pré-
sent qui vous prend dès l'abord, – celui du
passé que découvre qui le cherche, – et
celui du futur, que révèlent ses amorces.

A Lyon, chaque étape a ses quartiers,
délimités par deux fleuves et dominés par
deux collines. Entre les deux premiers, ce
qu'on nomme "la presqu'île"... Couvrant les
deux collines : Fourvière et la Croix-Rousse,
où se sont inscrits les siècles, de l'époque
celtique au XIXe... A Caluire et la Part-Dieu,
le visage du 3e millénaire.

Toute métropole aussi, se bonifie de la
voie d'eau qui la traverse ! Lyon, mieux par-
tagée en accueille deux et les unit, le Rhône
impétueux et la Saône indolente. Le premier vient de la montagne alpine ; le
second des plaines où commence le couloir
rhodanien. Leurs eaux s'épousent, pour se
confondre, comme le sculpteur Vermare les
a symbolisé dans le bas-relief qui orne la
façade du Palais du Commerce donnant sur
la place des Cordeliers. "Le Rhône et la Saône" s'y trouvent personnifiés dans l'étreinte
de l'homme et de la femme.

La presqu'île prend naissance, entre
Rhône et Saône, à Perrache, en arrière de la
vieille gare devenue centre d'échanges, avec
ses plates-formes à trois niveaux, ses ascen-
seurs et ses escalators, avec ses bretelle,
autoroutières et ses voies ferrées. Mais elle
commence devant la gare, place Carnot,
première étape de ce quartier de commerce
et d'affaires que jalonnent les grandes places de la ville. Et que relie aujourd'hui, la
plus longue rue piétonne d'Europe, dénom-
mée, avec ses croisements, "les sentiers de
la presqu'île".

**A gauche : vue plongeante sur la "presqu'île",
depuis la gare de Perrache. Ci-contre et ci-
dessous : l'accès à la gare, l'entrée de l'échan-
geur, les jardins devant l'édifice.**

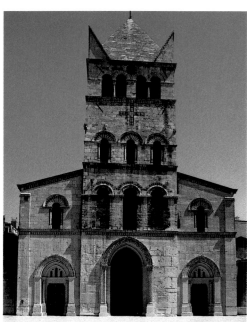

De part et d'autre, les quais, de la Saône à
gauche, et du Rhône à droite, – les maisons
riveraines aux façades bien alignées qui se
sont faites "à l'italienne", mariant le blanc à
l'ocre, sous les toits d'ardoise à mansardes.
Au pied, sous les ombrages, les marchands
dressent leurs éventaires. Sur la berge, des
pêcheurs rêvent.... Des boulistes s'entraî-
nent...

Les perspectives lyonnaises sont au long
de ses quais et dans les eaux qui les reflè-
tent. De la place Carnot, la rue piétonne
invite, aux premières visites, chacun selon
ses goûts ! La basilique Saint-Martin
d'Ainay, la plus ancienne de la cité, apparte-
nait à une abbaye bénédictine fondée au VIᵉ
siècle. L'église en fut adaptée au style
roman et consacrée par le pape Pascal II en
1147. Autour du curieux clocher-porche
dont la flèche est taillée en pyramide, des
adjonctions furent faites au XIXᵉ. A l'intérieur, des chapiteaux romans évoquent les
premiers jours du monde, qui étaient
encore ceux du paradis.

A l'opposé, vers les quais du Rhône, le
Musée lyonnais des Arts décoratifs et le
Musée historique des Tissus ; au-delà le clocher de la Charité, seul vestige de l'hospice
des pauvres fondé au XVIᵉ siècle. Et c'est,
au cœur de la presqu'île, la célèbre place
Bellecour et son "cheval de bronze", statue
équestre de Louis XIV. Au-dessus des mar-
ronniers qui l'entourent les façades de l'époque Empire forment le carré ! Deux sculptu-
res de Coustou désignent, ici encore, les
deux voies d'eaux de la cité.

**En haut : les quais du Maréchal Joffre, sur la
Saône, et Gailleton, sur le Rhône. A gauche : la
rue Victor Hugo, la place Gailleton, la place
Ampère et la basilique St-Martin-d'Ainay (également ci-contre) : c'est la plus ancienne de la
ville.**

9

La place Bellecour, centre et orgueil de la cité et quelques-uns de ses aspects. En bas à droite, la place voisine Antoine Poncet et son fameux clocher (XVIIe s.).

LYON · LA PRESQU'ÎLE
DE BELLECOUR
À LA PLACE DES TERREAUX

La presqu'île est coupée en son centre par un axe direct qui va du pont Bonaparte au pont de la Guillotière, en longeant la face nord de la place Bellecour.

Au-delà, deux autres places se répondent : la Place des Jacobins décorée d'une fontaine à statues, – et la place de la République. Avant d'y parvenir, on verra – côté Saône – le théâtre des Célestins, élégante construction du XIXᵉ siècle, et – côté Rhône – l'Hôtel-Dieu, dont l'imposante façade borde le quai. Cet édifice remplaça en 1741, le vieil hôpital du pont du Rhône, où Rabelais officia en tant que médecin. La construction fut commencée en 1706 et terminée par le grand architecte Soufflot. Le dôme est une reconstruction de 1944, effectuée après l'incendie qui détruisit le précédent, dont la charpente était en bois de chêne.

Le musée des hospices de Lyon y est installé et comprend des collections de récipients de pharmacie, des faïences anciennes, ainsi que des tapisseries et des boiseries d'époque.

Les rues piétonnes conduisent vers les deux principales églises de cette partie nord de la presqu'île : Saint-Bonaventure et Saint-Nizier.

L'église franciscaine de Saint-Bonaventure fut bâtie dans le style gothique lyonnais, aux XIVᵉ et XVᵉ siècles. Les tapisseries d'Aubusson décorant la nef, évoquent la vie du saint qui mourut là en 1274, durant le 2ᵉ Concile de Lyon.

L'église Saint-Nizier occupe l'emplacement de la cathédrale primitive où fut enterré saint Nizier. Elle est de style flamboyant et comporte deux tours dont l'une couverte de tuiles, est du XVᵉ ; l'autre fut élevée au XIXᵉ. A l'intérieur, une belle "Vierge à l'Enfant" est l'œuvre du sculpteur lyonnais Antoine Coysevox.

L'Hôtel-Dieu et sa cour intérieure. L'église St-Nizier. A droite : la place et la fontaine des Jacobins ; l'église St-Bonaventure. Ci-dessous : le quai St-Antoine.

A l'époque gallo-romaine, la presqu'île était une île, l'île Canabae, qu'un bras du Rhône séparait du bourg gaulois de Condate. Ce bras fut comblé plus tard par des "terreaux" et constitua une partie de la belle place qui prit ce nom. C'est, avec la place Bellecour, l'un des centres de la vie lyonnaise. L'hôtel-de-ville qui la borde fut construit de 1646 à 1672. La tour de l'Horloge, qui domine la façade, est l'œuvre de Robert de Cotte, réalisée sur les plans de Hardouin-Mansart. La cour intérieure et les salons peuvent être visités, ainsi que le musée Edouard-Herriot.

Le palais Saint-Pierre, ancienne abbaye des bénédictines, date du XVIIIᵉ siècle. Il abrite aujourd'hui le Musée des Beaux-Arts, considéré comme l'un des plus riches de la province française, notamment en peinture du XIXᵉ et du XXᵉ siècles. Le cloître est décoré de statues de Rodin *(L'Homme qui marche)* et de Bourdelle.

Au centre de la place, la belle fontaine est due au sculpteur Bartholdi. Les chevaux qui l'animent figurent l'élan des fleuves vers la mer.

La place des Terreaux se trouve au pied du quartier des "traboules", l'un des plus caractéristiques de l'ancien Lyon.

Fontaines : celle de la place Louis Pradel et celle de Bartholdi, sur la place des Terreaux. En bas : le jardin du Palais St-Pierre; les deux façades et la cour intérieure de l'hôtel de ville.

LE VIEUX LYON

Entre la "presqu'île" et la colline de Fourvière, longeant la rive droite de la Saône, le Vieux-Lyon est le quartier le plus intéressant, sur le plan touristique, de la métropole lyonnaise.

Il s'établit, historiquement, entre la cité romaine de Lugdunum et l'île de Canabae, vers la fin de l'époque romaine et se peupla d'artisans et de négociants. Comme la "presqu'île", il formait une île – l'île Saint-Jean – constituée par l'existence d'un bras de la Saône qui fut comblé au IXᵉ siècle, après l'éboulement du forum de Trajan. Les rues Tramassac et du Bœuf occupent cet emplacement.

La principale artère dù quartier était alors la rue Saint-Jean, entre la place du même nom et la place du Change. Elle l'est encore aujourd'hui et retient vivement l'attention, par ses maisons gothiques, et

Renaissance, aux façades décorées de statues de la Vierge, de médaillons sculptés, et par le travail de rénovation réalisé pour rendre à ces vieilles demeures leur beauté et leur caractère.

Face au pont Bonaparte, qui donne accès au Vieux-Lyon en venant de Bellecour, l'ensemble de la cathédrale Saint-Jean et de l'ancien archevêché occupe un vaste périmètre, jusqu'à la place St-Jean. A l'église primitive – dont on a retrouvé le baptistère du IVᵉ siècle – succéda un nouvel édifice détruit en 1065, puis la cathédrale actuelle, dont l'édification débuta dans le style roman vers 1180, pour s'achever deux siècles et demi plus tard, par une façade dans le style gothique flamboyant. Celle-ci est

Au cœur du vieux Lyon : la "maison du Crible" et la "Tour Rose"; la rue St-Jean et la rue du Bœuf. A droite : cour d'un immeuble du quartier.

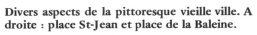

Divers aspects de la pittoresque vieille ville. A droite : place St-Jean et place de la Baleine.

ornée de 368 médaillons sculptés représentant l'histoire de saint Jean-Baptiste, des scènes de la Bible, les signes du Zodiaque et les travaux des saisons.

La haute nef de 32 mètres vit le sacre de deux papes, le mariage de Henri IV avec Marie de Médicis ; Richelieu y fut fait cardinal. Elle comporte quatre travées, des chapelles latérales et dans l'abside, le trône épiscopal, chef-d'œuvre de l'art roman bourguignon.

Au-delà de la place, la rue Saint-Jean longe le Palais de Justice, édifice du XIXᵉ siècle dont l'imposante façade à colonnades donne sur le quai de la Saône.

On peut voir dans la rue Saint-Jean, quelques "traboules" qui sont un trait caractéristique de l'urbanisme lyonnais. En l'absence de rues transversales pour relier des voies parallèles, ces traboules consistent en un dédale de passages voûtés, de cours intérieures, qui permettent de passer d'une rue à l'autre.

Parmi les demeures Renaissance qui font aussi l'intérêt du Vieux-Lyon, l'hôtel de Gadagne est des plus remarquables. Construit au début du XVIᵉ siècle, avec cours à escaliers d'angle et galeries, il abrite aujourd'hui le Musée de l'histoire urbaine et celui de la Marionnette, – le Guignol et ses personnages étant, on le sait, l'une des plus fameuses traditions de la cité !

La rue Saint-Jean se poursuit jusqu'à la place du Change où l'on remarque la Loge du Change, du XVIIIᵉ, et la maison Thomassin, de style catalan du XVᵉ. Au-delà, la rue Juiverie présente aussi plusieurs hôtels

Renaissance, dont l'hôtel Bullioud avec une galerie due à Philibert Delorme. Ces riches demeures étaient habitées au siècle dernier par les "soyeux", fabricants et négociants de la célèbre soie lyonnaise, que tissaient les "canuts", sur les pentes de la Croix-Rousse.

A gauche : trois vues de la cathédrale St-Jean ainsi que l'horloge astronomique du sanctuaire. Ci-dessus et ci-dessous : deux aspects de l'Hôtel de Gadagne. A droite : la "Maison Thomassin".

La rue Juiverie et la Montée Nicolas de Lauze.
La "Loge du Change" et un immeuble voisin.
A droite : l'Hôtel Bullioud.

LA COLLINE DE FOURVIERE

Un repère et un belvédère... Des rives voisines et de la périphérie qui l'entoure, la colline de Fourvière apparaît comme un "signal" à double antenne : la basilique et la tour. De la terrasse qui porte ces deux antennes, la vue embrasse l'immense tapis des toits et des avenues, étalé au pied de la colline et au bord du fleuve.

Il faut considérer Fourvière de ces deux points de vue, et la situer dans l'Histoire, pour lui assigner sa place et comprendre son renom. Le nom lui vient du latin : *Forum Vitus* – vieux marché – qui fut le premier forum de Lugdunum.

La terrasse de la basilique occupe cet emplacement, d'où le panorama s'étendait déjà, à l'époque romaine sur une agglomération que l'on estimait à 60 000 âmes. Celle-ci s'est élargie au cours des siècles jusqu'à la métropole actuelle que dominent depuis peu les tours de la Part-Dieu. Et, bien au-delà, se dessinent sur l'horizon les massifs de la Chartreuse et du Vercors.

La chapelle dédiée à une Vierge miracu-leuse existait dès le Moyen Age et faisait l'objet d'un pèlerinage dont la tradition s'est maintenue. Une première église fut construite au XIIe siècle. La basilique actuelle fut bâtie à la suite d'un vœu de l'archevêque de Lyon, lors de la guerre de 1870. Elle mêle, de façon curieuse, des éléments romans et byzantins entre les quatre tours qui l'enserrent. L'église supérieure comprend trois travées décorées de marbres et de mosaïques, de même que la crypte dont l'autel en marbre de Carrare est incrusté de mosaïques. Un escalier de 300 marches conduit à l'observatoire de la basilique, à 329 m d'où le panorama, plus vaste encore, permet, par temps clair, de voir le Mont-Blanc.

Notre-Dame-de-Fourvière. La photo de son entrée latérale et les personnages sur la place révèlent les dimensions de la célèbre basilique. La statue de la Vierge à laquelle le sanctuaire est dédié.

Au nord de la terrasse, un autre édifice, non moins singulier, la Tour métallique, dresse à 85 m une réplique de la Tour Eiffel de Paris. Elle date de 1893 et sert aujourd'hui d'antenne émettrice de télévision.

Mais la colline de Fourvière fut d'abord le site de la cité gallo-romaine de Lugdunum qui comportait le forum vitus, le palais impérial, le forum novum, les théâtres et le cirque, ainsi qu'un aqueduc qui amenait l'eau à la ville.

L'ensemble des théâtres et le musée gallo-romain, construit dans le flanc même de la colline, permettent de suivre toute l'histoire de Lyon au cours des premiers siècles de son existence.

Le Grand-Théâtre date de l'an 15 avant J.-C. sous le règne de César Auguste. Il fut agrandi par Hadrien aux dimensions de ceux d'Arles et d'Orange. Les gradins s'adossent à la colline. Une voie dallée donne accès à l'Odéon et au temple de Cybèle, récemment dégagé, dont il reste trois colonnes cannelées.

La restauration de l'Odéon donne une idée de ce qu'était cet édifice destiné aux concerts et récitals poétiques. Le musée gallo-romain présente de façon exemplaire les pièces et documents relatifs à la vie, à l'organisation romaine, des statues, des sarcophages, des mosaïques. La colline de Fourvière constitue ainsi, en France, un des hauts-lieux de l'époque gallo-romaine.

Les théâtres romains sont l'une des curiosités de la colline de Fourvière. A droite, également sur celle-ci, une réplique de la Tour Eiffel de Paris (hauteur : 85 m). Un aspect d'ensemble de la colline, cernée par l'une des boucles de la Saône.

LES "TRABOULES"
DE LA CROIX-ROUSSE

De la place des Terreaux, un escalier monumental conduit au Jardin des Plantes, installé sur le site de l'amphithéâtre des Trois-Gaules, où sainte Blandine périt en 177, avec une cinquantaine de chrétiens.

Cette construction romaine servit plus tard de carrière, puis disparut au XVIIIᵉ siècle, sous les terrassements, lors de la création du jardin. Ce n'est qu'en 1957 que des fouilles permirent de dégager une partie de l'arène, la loge impériale et quelques gradins.

La colline de la Croix-Rousse s'étend entre Saône et Rhône, de la place Rouville, où l'on jouit d'un panorama urbain, aux quais du fleuve. Le nom lui vient d'une croix de pierre ocre qui en marquait le sommet et qui a disparu aujourd'hui.

A l'abri de remparts, la Croix-Rousse fut d'abord un quartier de couvents. On y peut voir encore l'église Saint-Bruno et le jardin des Chartreux qui descend en terrasses vers la Saône. Après la Révolution, les couvents désaffectés furent transformés en ateliers pour les canuts et des constructions hâtives s'étagèrent sur les pentes, formant d'étroites ruelles coupées par les traboules les reliant entre elles.

La passerelle et le quai St-Vincent. A droite : rue et Montée de la colline de la Croix-Rousse; le métro sur ses pentes; une "traboule" (passage reliant une rue et une autre, à travers des maisons).

20 000 métiers à bras fonctionnaient au début du XIXᵉ siècle à la Croix-Rousse où, hommes, femmes et enfants s'attelaient à la besogne pour obtenir le maigre salaire qui ne leur permettait pas d'échapper à la misère.

La poétesse Marceline Desbordes-Valmore écrivait de Lyon, en 1837, à une amie : "Que la charité serait mise à vif ici, où 30 000 ouvriers honnêtes, pieux, meurent de misère et de froid, et cherchent jour après jour, du pain, jusqu'aux derniers étages de nos maisons, qui ressemblent à de sombres tours gothiques.. Quelques-uns tombent, morts de faim dans les rues. Ceci est vrai... Dieu le veut-il ?"

Quelques années plus tôt, le duc d'Orléans faisait mitrailler les canuts en révolte. Quelques années plus tard, Flora Tristan tentait d'éveiller leur conscience, en créant "l'Union ouvrière".

La maison Brunet avec ses 12 étages et ses 52 escaliers offre un exemple de cette architecture du travail. Mais la plupart des ateliers ont disparu, qui étaient de sordides logis, entre l'église Saint-Polycarpe et la place Sathonay.

Plus au nord, le boulevard de la Croix-Rousse et la place du même nom, constituent le centre de ce quartier des traboules. La tradition s'y maintient à la Maison des Canuts, avec une coopérative artisanale dont les 400 membres tissent à domicile, sur des métiers à main ou mécaniques, des écharpes, foulards et cravates, souvent destinés au commerce de luxe. Ils sont aussi vendus au Musée du Tissage, qui présente des pièces anciennes et illustre l'histoire de la soierie lyonnaise.

Le boulevard de la Croix-Rousse aboutit à la place Bellevue, où le "Gros caillou" est un vestige de l'époque glaciaire.

Un escalier d'une maison ouvrière de la Croix-Rousse; le porche de l'église St-Polycarpe et le "Gros Caillou" (d'époque glaciaire). A droite : l'Amphithéâtre des Trois Gaules et les pentes de la colline sur le Rhône.

DES BROTTEAUX A LA PART-DIEU

La rive gauche du Rhône fut longtemps terre étrangère à la cité. En période de crue, le fleuve impétueux envahissait la plaine dauphinoise, ne laissant à la décrue qu'un marécage de "brotteaux", où tout habitat semblait impossible.

La traversée du Rhône se faisait alors par bateaux. Ce n'est qu'au XIIᵉ siècle qu'un pont de bois fut établi, mais les premiers essais de construction s'avérèrent vains ! Il fallut attendre le XVIIIᵉ pour que l'ingénieur Morand pût entreprendre l'urbanisation de la rive gauche.

Un canal de dérivation creusé en 1852, mit la plaine à l'abri des crues. Sous le Second Empire, les Brotteaux devinrent une banlieue à guinguettes où les Lyonnais aimaient se divertir.

Quelques années plus tard, la ville acquit un domaine de 114 hectares – celui de la Tête d'Or, où selon la légende une tête de Christ en or aurait été enfouie ! On ne l'y trouva pas ! Mais le but était de créer un vaste parc de loisirs agrémenté, grâce à la dérivation du canal, d'un lac artificiel.

Ce magnifique ensemble comprend aujourd'hui un jardin botanique, une orangerie, une roseraie, un bois planté d'essences rares, cèdres, magnolias, séquoias, un parc zoologique où vivent en liberté, lions, girafes, éléphants ; des volières, des aquariums... Il offre aux promeneurs de sédui-

Le quartier des Brotteaux et le parc de la Tête d'Or. Divers aspects de ce dernier.

sants parcours, aux gourmets, un restaurant
digne de la réputation lyonnaise, — et enfin,
un Palais des Expositions, à la mesure de la
métropole.

On pénètre dans le Parc de la Tête d'Or
par un portail monumental dont les grilles
de fer forgé furent exécutées en 1901 par
un serrurier d'art, Joseph Bernard, qui,
quelque temps plus tôt, avait été incarcéré
comme militant anarchiste ! Il gagna à ce
travail, plus de 100 000 francs-or !

Le quartier des Brotteaux, très fréquenté,
abrite le Musée Guimet, du nom de son fon-
dateur — comme celui de Paris — riche en
objets d'Extrême-Orient où E. Guimet

accomplit de nombreuses missions. Des pièces naturalistes y sont également présentées. C'est aussi aux Brotteaux que se trouve la chapelle expiatoire élevée à la mémoire de centaines d'aristocrates massacrés en 1793, pendant la Convention.

Mais la rive gauche du Rhône, c'est surtout aujourd'hui le nouveau quartier de la Part-Dieu, créé, à partir de 1965, dans un style futuriste qui annonce le troisième millénaire ! Il est dominé par une gigantesque tour qui abrite banques et hôtels. Véritable cité dans la cité, l'ensemble – où triomphent le béton et le verre – comprend un Centre commercial de 200 boutiques et magasins à grande surface, un auditorium de 2 000 places, une bibliothèque où s'alignent deux millions de volumes, la Maison de la Radio-Télévision, et, depuis 1983, la gare de Lyon-Part-Dieu qui assure désormais la plus grande part du trafic ferroviaire. Des parkings, édifiés en spirale, peuvent recevoir des milliers de voitures !

Au sud de la Part-Dieu, le vieux quartier de la Guillotière – ancien bourg médiéval – fut le premier à être relié à la "presqu'île" par un pont. Détruit par les bombardements de 1944, comme tous ceux de la ville, et comme eux reconstruit, il offre un très beau point de vue sur les collines de Fourvière et de la Croix-Rousse.

Le centre moderne de la Part-Dieu, dominé par son fameux "crayon" ou Tour du Crédit Lyonnais. A proximité, l'ancien quartier de la Guillotière et son pont (en bas, à gauche).

LES "BOUCHONS"

Avant de quitter Lyon pour sa périphérie, il convient de s'arrêter sur les spécialités qui ont fait porter, au-delà des frontières, la réputation de la ville.

C'est, en premier lieu, la qualité de sa cuisine ! Curnonsky, expert en la matière, décréta Lyon, en 1934, "capitale mondiale de la gastronomie". Mais cette réputation datait des temps gallo-romains, alors que l'on disait déjà Lugdunum, "copia augusta" – de noble abondance.

Lyon n'a pas démérité et s'est organisé, sous l'impulsion des "Toques blanches", pour maintenir, haut et ferme, les traditions séculaires. Elles ont leurs fiefs et leurs chefs, en ces lieux de plaisir gastronomique que sont des restaurants comme ceux de la Mère Guy (le plus ancien de la ville) ou de l'Arc-en-ciel, établi au 32e étage de la tour de la Part-Dieu !

La tradition ne nuit cependant pas aux innovations, ni même aux audaces culinai-res, que d'autres tentent avec succès ! Dans un registre plus modeste, la charcuterie lyonnaise triomphe dans les "bouchons" qu'il faut connaître pour connaître Lyon. Le terme vient du fagot de paille qui servait, au XVIIe siècle, à bouchonner les chevaux, et dont les aubergistes décoraient leurs ensei-gnes pour attirer la clientèle des postillons !

Quelques-uns des "Bouchons", l'une des gloires de la capitale gastronomique qu'est Lyon.

VÉRITABLE
GUIGNOL DU VIEUX LYON

LA PLACE

G^{des} Personnes	4^F00
Enfants	3^F50
Séances 20^{mts} environ	
Prix Spé... ...our Groupes	

LA PATRIE DE GUIGNOL/LES MARCHES

Guignol et ses comparses furent aussi de bons ambassadeurs de l'esprit lyonnais. Là encore, la tradition remonte loin, mais on s'accorde à en attribuer la paternité décisive à Laurent Mourguet, dont on peut voir le buste, près du funiculaire de Fourvière. Ancien canut, Mourguet fonda en 1808, le premier théâtre fixe de Guignol, dans le quartier des Brotteaux.

Guignol a son musée dans l'hôtel de Gadagne. Mais il est partout vivant à travers l'Europe. D'autres traditions, plus locales, se poursuivent à Lyon, avec le jeu de boules à la lyonnaise, — avec le marché de la Création qui se tient chaque dimanche et permet aux artisans et artistes amateurs en tout genre de présenter et vendre leurs réalisations. Avec, enfin, le Marché-aux-Puces de la Feyssine, au nord de Villeurbanne.

Lyon est la patrie de Guignol. Mère Jusseret et Canezou, Gnafron et la Toinon (en haut, à gauche), discutant dans des décors du quartier St-Jean, sont des héros locaux. Guignol évoque aussi des figures politiques comme le maire Pradel ou son célèbre prédécesseur Ed. Herriot (ci-dessus). — Les marchés sont l'un des charmes de la vie lyonnaise : ci-dessous, celui, fameux, de "la Création".

LA PERIPHERIE LYONNAISE DE VILLEURBANNE A VENISSIEUX

Villeurbanne, précisément est la plus importante des communes – plus de 100 000 habitants – que compte l'agglomération lyonnaise. Depuis un demi-siècle, les buildings ont poussé, abritant une population cosmopolite. Le Théâtre National populaire s'est installé dans le Palais du Travail et un Musée du Cinéma a été créé dans la ville qui le vit naître.

Faubourgs et communes constituant cette agglomération lyonnaise, sont voués à l'activité industrielle dans les domaines les plus divers. A Vénissieux, existe un musée de l'automobile, mais un autre beaucoup plus complet se trouve à Rochetaillée-sur-Saône et présente une collection unique au monde ! Y figurent notamment la Mercédès blindée d'Hitler, l'Hispano-Suiza du général de Gaulle, les voitures de Joséphine Baker et d'Edith Piaf.

Quelques oasis de verdures et de silence demeurent pourtant, ici et là : le parc de Parilly et son champ de courses, l'île Barbe, dont le clocher roman rappelle qu'elle fut le siège d'une riche abbaye fondée au Vᵉ siècle. Mais c'est au Mont-d'Or et dans les Monts du Lyonnais que l'on retrouvera vraiment l'image de la nature.

Villeurbanne et ses réalisations architecturales (avenue Henri Barbusse, débouchant sur l'hôtel de ville, ci-contre). A droite : la verdoyante Ile Barbe et l'aéroport international de Satolas.

DU MONT D'OR À GIVORS

Une agglomération comme celle de Lyon, domaine du trafic, des affaires et du travail, exigeait à proximité, un havre de paix et un air plus pur ! D'autant que la "brume lyonnaise" n'est pas tout à fait une légende. Le confluent des eaux fluviales et les étangs de la Dombes, entretiennent une humidité que les vapeurs urbaines rendent parfois délétères. Elles donnent cependant au site sa couleur et son caractère. Et il suffit de faire quelques kilomètres pour trouver au Mont d'Or une illusion champêtre.

Le massif est peu étendu, mais il s'élève au Mont-Thou à 609 m, au Mont-Verdun à 625 m. Assez pour y respirer un air plus salubre et motiver une évasion.

Champagne-au-Mont-d'Or − comme son nom l'indique − ouvre la route vers Saint-Didier qui possède deux châteaux, l'un de la Renaissance, l'autre où passèrent Soufflot et Rousseau. En poursuivant vers le nord, on atteint Limonest, au flanc de la montagne, où des sentiers de promenades sont tracés dans la forêt, et qui possède un Musée de la Nature, aménagé par l'Institut agricole de Sandar.

La route mène ensuite autour du Mont-Verdun et du Mont-Thou, vers le bourg de Poleymieux et le Musée de l'Electricité, installé dans la maison natale d'Ampère (1775-1836) l'un des pionniers, qui laissa son nom à la mesure de sa découverte.

Mais les points de vues des sommets sont interdits au promeneur car les anciens forts de Vauban sont devenus des centres militaires de la "force de dissuasion", et le Mont est truffé de souterrains militaires.

Du col du Mont-Verdun, on peut voir cependant les tours carrées du château de la Barollière, du XVIIIᵉ siècle, dressées sur un éperon rocheux. Et déjà, au temps de Louis XIV, un certain Jean Maritz travaillait à l'amélioration des pièces d'artillerie.

Un aspect des Monts d'Or. A gauche : une cabane de pierres, comme on en rencontre sur les sommets de la région. A droite : St-Germain au Mont d'Or.

Il faut revenir vers la vallée pour voir à Saint-Cyr, les restes d'un château du XIIIe, sans qu'il soit nécessaire de visiter le Musée de la Criminologie ! Mieux vaut s'attarder à Collonges-au-Mont-d'Or que l'on a qualifié de "temple de la gastronomie", où officie l'un des maîtres de l'art.

Plus au sud, à l'entrée des Monts du Lyonnais, Charbonnières-les-Bains occupe une petite vallée boisée où jaillissent des sources d'eau ferrugineuses, dont on découvrit les vertus au XVIIIe siècle, grâce à un âne qui y goûta et s'en montra tout ragaillardi. On y soigne les rhumatismes et les troubles de la circulation.

On peut également voir de là, à Dardilly, la maison natale du Curé d'Ars, et les Arches de Chaponost, – 80 arcades de l'aqueduc du Gier, qui, dès le IIe siècle, apportait à Lyon, 20 millions de litres d'eau par jour.

Par Brignais – que marqua une victoire de Du Guesclin – et la vallée du Garon, on rejoint le Rhône à Givors, cité industrielle au confluent du Gier.

Collonges au Mont d'Or : près de la Saône, le restaurant de Paul Bocuse, mondialement connu. Au-dessous : St-Cyr-au-Mont-d'Or. Ci-dessus et à droite : l'Etablissement thermal et une belle propriété de Charbonnières. Ci-dessous : l'aqueduc romain de Chaponost.

LE BEAUJOLAIS
LA "CÔTE" ET LA "MONTAGNE"

Avant d'être un "pays", le Beaujolais est un vignoble dont la réputation a franchi frontières et océan. Il s'étend sur la "Côte" qui prolonge celle du Mâconnais, et présente, parallèlement à la vallée de la Saône, le domaine des grands crus : Juliénas, Romanèche-Thorins, Fleurie, Morgon, Brouilly et ces "Beaujolais-Villages" dont l'anonymat n'offre pas moins de vertus !

Le Beaujolais est un vin qui se goûte en "primeur" et que l'on déguste volontiers dans les caveaux et les châteaux accueillant les touristes ! C'est le "pays des pierres dorées" dont une confrérie de "grapilleurs" a pris le nom, tandis que les "Compagnons du Beaujolais" maintiennent aussi avec ferveur, la renommée et les traditions attachées à la "Côte beaujolaise".

L'ancienne capitale, Beaujeu, a elle-même son temple de Bacchus, un caveau, au sous-sol du Musée des traditions populaires. Mais Beaujeu évoque d'abord le souvenir de la famille du même nom qui domina la région dès le début du Moyen Age et fonda l'abbaye de Belleville et la ville de Villefranche-sur-Saône. Le Beaujolais passa ensuite

Beaujeu, ancienne capitale du Beaujolais : son clocher et la fontaine de Bacchus. A droite et ci-dessous : vue et manoir de Quincie en Beaujolais. En bas à droite : vignes du Julienas.

Le Mont Brouilly et l'un des monts du Beaujolais. Chenas et son Moulin à Vent. A gauche et ci-dessous : le Château de la Chaize, ses caves et son pressoir. En bas à droite : la maison natale de Claude Bernard, à St-Julien.

aux Bourbon-Montpensier et fut légué par la "Grande Mademoiselle", Marie-Louise de Montpensier, à la famille d'Orléans.

Une série de routes départementales dessert les villages du Beaujolais, de Saint-Amour-Bellevue au Mont Brouilly, et une chapelle élevée à son sommet (483 m) constitue un lieu de pèlerinage auquel les vignerons demeurent fidèles.

La route se poursuit vers le sud par Vaux-en-Beaujolais, qui servit de modèle au romancier Gabriel Chevallier pour son œuvre satirique *Clochemerle* ! Au-delà, le Signal de Saint-Bonnet domine le vaste panorama qu'offrent les Monts, le vignoble du Beaujolais et la vallée de la Saône.

On atteint Villefranche-sur-Saône, l'actuelle capitale fondée en 1140 et qui se développa à la fin du XIXe siècle, grâce au textile, puis aux industries métallurgiques.

De l'église du XIIIe subsistent une chapelle et le clocher roman. Les aménagements des XVe et XVIe en ont fait un édifice de style gothique flamboyant – Notre-Dame-des-Marais – que compléta plus tard une flèche moderne.

Une route de crête suit la vallée de la Saône jusque Charnay – avec des restes de fortifications, un château féodal du XIIe, des maisons Renaissance – et Saint-Jean-des-Vignes, une église située aux confins du Lyonnais.

En arrière de la "Côte beaujolaise", le massif forme "la Montagne" qui atteint 1012 m au Mont-Rigaud. Un intéressant circuit peut être effectué au départ de Juliénas, par Avenas, Chânelette, les Echarmeaux, station estivale installée dans une belle région de pâturages et de sapinières, Saint-Nizier d'Azergues et Chambost-Allières, pour atteindre le col de Joncin à 735 m.

La vallée de l'Azergues délimite ce terroir de la "Montagne" et rejoint la Saône, un peu au sud de Villefranche.

Des paysages vallonnés, de larges horizons, un château à six tours à Jarnioux, donjon et chemin de ronde à Ternand, chapelle et tour à Oingt... Le Beaujolais, terre du vin est aussi pays de tourisme, à découvrir !

Vaux-en-Beaujolais, Villefranche et St-Nizier d'Azergues. A droite : ancienne porte à Oing et paysage des environs. Proprières, près de Villefranche. En bas, le château de Montmelas.

VERS ROANNE

Au-delà de la rive droite de l'Azergues et jusqu'à la vallée de la Loire, les Monts de Tarare occupent une région boisée, entre le Beaujolais au nord et le Lyonnais au sud. De nombreuses routes les traversent reliant la vallée de l'Azergues aux principaux cols, celui du Pavillon, au nord, et au sud, ceux de la Croix des Fourches, à 778 m et du Pilon, à 720 m offrant l'un et l'autre, au cours des montées, de larges vues panoramiques.

La chaîne de ce massif granitique se développe parallèlement à la vallée de l'Azergues, en des altitudes de 700 à 900 m et culmine, dans sa partie méridionale, au Mont Boussuivre, à 1004 m. C'est une région de sapinières, surtout sur le versant oriental, avec les bois de Favret, de Promenoux, de Mollières et la forêt de Brou.

Les villes se situent à l'ouest, sur un axe nord-sud, avec de petites cités qui connurent un rapide développement au siècle dernier, grâce à la fabrication des textiles et cotonnades : Cours, Thizy, Amplepuis et surtout Tarare où ces industries furent implantées dès le XVIIIe siècle par A.-G. Simonet, natif du pays.

Tarare s'est orientée vers les produits synthétiques et l'industrie chimique. Une fête de la mousseline se maintient cependant tous les cinq ans.

Aux environs, Notre-Dame du Bel-Air, Notre-Dame de la Roche, le col des Sauvages, offrent de beaux paysages en direction d'Amplepuis.

Une route directe conduit vers la vallée de la Loire et le centre industriel de Roanne, vieille cité dont l'origine se situe un siècle avant notre ère. Rodumna se développa au Moyen Age, avec la construction d'une forteresse. Mais c'est au début du siècle dernier, avec l'aménagement du canal que la ville prit son essor et multiplia ses activités dans les textiles, puis la métallurgie, l'armement et la conserverie.

Les ruines du donjon s'élèvent près de l'église Saint-Etienne. Un musée archéologique occupe un hôtel du XVIIIe qui appartint au savant Joseph Déchelette.

C'est au sud de la ville que le tourisme reprend ses droits, avec les gorges de la Loire, dont une route suit les méandres.

A l'ouest de Roanne, sur la rive gauche de la Loire, la Côte roannaise offre aussi motifs à randonnées, vers Saint-André d'Apchon, avec un château Renaissance et une église du XVIe siècle, de style flamboyant. La route se poursuit vers le rocher de Rochefort, les barrages de la Tache et de Ronchain, belles nappes d'eau, au pied des monts de la Madeleine.

Les Monts de Tarare. Ci-dessous et à droite : à Roanne, l'église St-Etienne, une curieuse chapelle ancienne et le château. En bas, les Gorges de la Loire, près de Roanne et le château de la Roche.

Ci-dessus et ci-dessous : deux aspects des Gorges de la Loire.

A droite : vue de St-Maurice-sur-Loire et barrage de Grangent.

LA DOMBES AUX MILLE ETANGS

De part et d'autre de la Basse Saône, les pays riverains marquent bien l'opposition des terres qui forment le "couloir entre les montagnes". D'un côté, les monts du Beaujolais et ceux de Tarare, de l'autre, une large plaine marécageuse, une terre d'eaux de 10 000 hectares répartis sur plus de mille étangs !

Configuration naturelle, mais aussi aménagée par l'homme, – et cela, dès les XVᵉ et XVIᵉ siècles. Fief de la famille Bourbon à partir de 1424, la principauté de la Dombes ne fut réunie à la couronne de France qu'en 1762.

A cette époque, les paysans de la région s'étaient déjà orientés vers la pisciculture en créant des canalisations qui permettaient d'assécher les étangs – à *l'essec* – puis de les remettre en eau – à *l'évolage* – pour élever des carpes, brochets et autres poissons blancs.

La pisciculture est encore l'une des ressources de la Dombes, mais la proximité du marché de Lyon favorise une évolution qui se manifeste aujourd'hui vers l'élevage et la laiterie. Elle était amorcée dès le XVIIIᵉ siècle en raison du paludisme qui sévissait alors. La moitié des surfaces d'eaux fut asséchée ; elle était à l'époque de 20 000 hectares !

Trévoux fut la capitale de la principauté. Elle est bâtie en amphithéâtre dans une boucle de la Saône et garde beaucoup de

Quelques aspects de la belle et mystérieuse région des Dombes.

caractère, avec ses hôtels des XVIIe et XVIIIe siècles, le Palais du Gouvernement et l'hôtel-de-ville où la bibliothèque conserve la collection complète du *Journal de Trévoux*, premier en date des périodiques français.

Un château-fort des XIe et XIIe, domine la ville, avec une tour octogonale qui offre un beau panorama sur la vallée et la Saône.

Au nord, Ars-sur-Formans est devenu un lieu de pèlerinage à la dévotion du "saint curé d'Ars", Jean-Baptiste Vianney (1786-1859) qui fut canonisé en 1925.

Au cœur même de la Dombes, à Villars-les-Dombes a été aménagé en 1971, un parc ornithologique départemental de 23 hectares, dont 9 en étangs, et qui ne compte pas moins de 2000 oiseaux de 400 espèces différentes parmi lesquelles vautours, grands échassiers et espèces exotiques, des perro-

quets aux manchots ! Une réserve de 210 hectares fait suite au parc. Elle comprend 110 hectares d'étangs et 17 de forêts, fréquentés chaque année par plus de 10 000 migrateurs. La Dombes n'en est pas moins aussi terre de chasse au gibier d'eau.

D'intéressantes églises à Sandrans, à Saint-Rémy, à Vandeins, l'abbaye Notre-Dame-des-Dombes, monastère de trappistes,

Ci-dessus : vue de Trévoux. Ci-dessous : le village d'Ars, célèbre par son saint curé; l'église où il repose et sa chambre. Berges fleuries des environs. A droite : village (Villars) et paysage des Dombes.

de vieilles cités, sont à remarquer. Et surtout Pérouges, dont le nom évoque Perugia (Pérouse) en Ombrie, et qui fut fondée précisément par des Italiens émigrés, avant l'époque romaine. Mais la ville que l'on a qualifiée de "Carcassonne en miniature" est d'époque gothique avec des remparts, une église fortifiée, des demeures Renaissance. On y entretient une activité culturelle et artisanale autour du "musée des arts et traditions locales".

Crémieu fait déjà partie du bas-Dauphiné. C'est aussi une ancienne place forte, avec halles, prieuré et cloître et les restes d'un château dominant les toits de la vieille ville.

Le village de Pérouges, "Carcassonne en miniature" : la "porte d'en-haut", places et maisons, gargouille de l'église fortifiée, vue aérienne.

Autres villages remarquables : Crémieu (aspect général, escaliers, cloître et Halles du XIVe s.) et, au nord des Dombes, Chatillon et sa forteresse du XIIe s.

Les Monts du Lyonnais forment, au sud-est de Lyon, un massif hercynien, entre la vallée de là Brévenne, au nord-ouest, et celle du Gier, au sud-est. Un massif coupé de vallées propices aux cultures, entre les pentes de pâturages et de forêts où domine le châtaignier. Au centre, le Signal de Saint-André, à 934 m et le Crêt Malherbe à 943 m qu'entourent des croupes de 700 à 800 m. Peu de centres urbains, mais de gros bourgs reliés par des routes sinueuses et toujours pittoresques. Un coin de France qu'on dirait préservé, entre les agglomérations lyonnaise et stéphanoise. A ce voisinage, les villages doivent pourtant une certaine activité industrielle, comme l'Arbresle et Sainte-Foy-l'Argentière où se trouvait un bassin minier dont l'exploitation a cessé.

Au nord, par Vaugneray, les cols de la Luère (714 m) et de Malval (732 m), on atteint par de nombreux lacets, Yzeron, dressé sur un piton rocheux, dont la position suscita au XIIe siècle, les convoitises rivales des comtes-archevêques de Lyon et des seigneurs du Forez. Tout proche, le hameau de Châteauvieux est fait de vieilles fermes — dont l'une avec croix byzantine — autour d'une chapelle romane. Des mégalithes — le rocher de Gargantua — le roc de Py-Froid (848 m) propre aux escalades, des vestiges de voies romaines, intéresseront les amateurs.

Manoir à Yzeron et gentilhommière de la région. Craponne. A droite : un aspect des Monts du Lyonnais près d'Yzeron et l'église gothique de Mornant.

D'Yzeron, deux routes se dirigent vers le sud. L'une par Sainte-Foy-l'Argentière et Aveize; l'autre vers Saint-Martin-en-Haut, où subsistent aussi des traces de voies romaines. Le hameau voisin de Rochefort est un bourg féodal avec une chapelle romane, les ruines d'un château et un donjon.

Au-delà de la route, un sentier permet d'atteindre le Signal de Saint-André, où furent établis les premiers éléments de cartographie par le géographe Cassini.

Saint-Martin-en-Haut se situe au carrefour de plusieurs routes, dont l'une rejoint celle d'Yzeron à Saint-Symphorien-sur-Coise, bourg fortifié avec église gothique, et Saint-Galmier,

en direction de Saint-Etienne, dont les eaux minérales – et surtout la source Badoit, du nom de son promoteur – ont fait la réputation.

La route se poursuit vers le sud par Riverie, village féodal qui a gardé son chemin de ronde.

St-Galmier, célèbre par son eau (Badoit), l'une des meilleures du monde : en haut, l'abbaye de Jourcy et le pont Gavet; à gauche, l'établissement des Sources. A droite : le tilleul de Sully, à Riverie, et une vue du village. En bas : St-Symphorien-sur-Coise et un castel des environs (Larajasse).

Le couloir rhodanien – qui devrait plutôt s'appeler le couloir rhônadien ! – tient son nom du mot latin, Rhodanus, donné au Rhône. Il s'étend, de Lyon à la Méditerranée, formant un élargissement de la vallée du Rhône, entre le Massif Central à l'ouest, et les Alpes, à l'est. Diversité des régions qui le bordent, mais aussi et plus encore, des brumes lyonnaises au soleil de Provence. Ce couloir est bien, en fait, un lieu de passage entre le climat septentrional et le climat méditerranéen qui s'annonce, dès Valence, par la limpidité de l'air et le caractère de la végétation.

L'activité de l'agglomération lyonnaise se poursuit jusqu'à Feyzin, avec ses raffineries, et Givors. Au-delà, Vienne est étagée sur une colline, devant une boucle du Rhône. Elle constitue la première étape dans la descente du fleuve.

Bien avant l'ère chrétienne, Vienne fut la capitale du pays des Allobroges, les "gens venus d'ailleurs". On date du Ve siècle l'oppidum qui se trouve au sommet du Mont-Pipet, une colline qui domine la ville. Conquise par les légions romaines, Vienne prit rapidement de l'ampleur et s'étendit sur les deux rives du Rhône. Les nombreux monuments de l'époque témoignent de l'importance de la cité qui fut, sous le Bas-Empire, la capitale de la Viennoise, une province romaine englobant toute la vallée rhodanienne, du Léman à la Méditerranée.

Vienne. Vue générale. Voie romaine et portique du Forum. Le temple d'Auguste et Livie et le théâtre antique.

Le triomphe de l'Eglise accrut encore son essor jusqu'à la chute de l'empire romain. Elle devint ensuite, dès le Vᵉ siècle, la résidence des rois burgondes, puis au IXᵉ siècle, la capitale du second royaume de Bourgogne. Vienne ne cessa pour autant d'être un centre religieux très actif. Après l'église Saint-Pierre — dont l'origine remonte au IVᵉ siècle — et l'abbaye de Saint-André-le-Bas, la cathédrale Saint-Maurice fut commencée au XIIᵉ siècle. Mais le pouvoir des évêques — dits "primats des primats des Gaules" — gêne celui du royaume. Le rattachement du Dauphiné à la couronne, en 1349, conduit finalement au déclin de la ville qui perd en quelques décennies le tiers de .sa population.

Depuis le milieu du XIXᵉ, Vienne a pris une certaine activité industrielle, mais elle est surtout intéressante par la valeur de ses monuments antiques et chrétiens.

De l'époque romaine subsiste le temple d'Auguste et de Livie construit vers l'an 25 avant J-C., dans le style de la Maison Carrée de Nîmes, avec une colonnade dominant le

Vienne. La cathédrale St-Maurice et ses alentours, en bordure du Rhône. A gauche : l'antique église St-Pierre, devenue Musée lapidaire. A droite : des platanes qui annoncent la Provence déjà proche; le cloître de St-André le Bas. En dernière page : St-Didier-Riverie, au cœur des Monts du Lyonnais.

forum voisin. Transformé en église au XIᵉ siècle, puis en temple de la Raison durant la période révolutionnaire, il fut ensuite tribunal, puis musée. Le Portique romain provient des thermes. Au pied du Mont-Pipet, le théâtre fut dégagé à partir de 1922. C'est l'un des plus vastes et des mieux conservés de l'époque gallo-romaine.

Les édifices religieux ne sont pas moins remarquables, la cathédrale Saint-Maurice avec une nef romano-gothique et un portail de style flamboyant, – l'église Saint-André-le-Bas, et son cloître de l'époque romane, – et enfin, l'église Saint-Pierre, devenue musée lapidaire, le plus ancien édifice chrétien de Vienne, dite "cité sainte".